Contar y estampar

Ray Gibson

Diseño e ilustraciones: Amanda Barlow
Redacción: Jenny Tyler
Traducción: Pilar Dunster

Voy a contar...

Antes de empezar

Este libro enseña a estampar dibujos divertidos. Se trata de hacer tantos dibujos como diga cada número y de irlos contando de uno en uno. Vas a estampar con patatas cortadas por la mitad y también vas a pintar y a hacer marcas con los dedos. Necesitarás un pincel para terminar algunos de los dibujos.

Y seguro que se te ocurren otras cosas que pintar. Haz el dibujo que tú quieras tantas veces como diga el número.

En la página de al lado se explica el truco para estampar pintura usando una patata. Vas a necesitar dos (una grande y una pequeña) y debes pedirle a una persona mayor que las corte por la mitad. Si las lavas, las secas y las envuelves bien, podrás conservarlas en la nevera varios días.

Si no tienes ganas de pintar, juega a contar de uno en uno los dibujos que aparecen en las páginas del libro.

Trucos para estampar con una patata

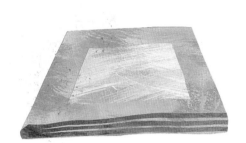

1. Coloca varias hojas de papel de cocina encima de un montón de periódicos.

2. Echa pintura en el papel. Extiéndela con el reverso de una cuchara.

3. Necesitas media patata. Pide que te la corten así para manejarla mejor.

4. Pon el papel para tu dibujo encima de otro montón de periódicos.

5. Moja la media patata en la pintura. Estampa la patata en el papel.

6. Puedes estampar dos o tres veces antes de volverla a mojar en pintura.

Voy a contar...

1. Estampa un cuerpo con una patata grande.

2. Pinta la cola con un pincel.

3. Haz un ojo blanco con el dedo.

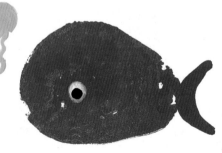

4. Cuando se seque, pon un punto negro en el centro.

5. Pinta una boca grande con el pincel.

6. Haz el chorro de agua con un dedo mojado de pintura.

4

1 ballena

del 1 al 2

1. Haz el cuerpo en negro con una patata grande. Deja secar.

2. Estampa la barriga blanca con una patata más pequeña.

3. Pinta el pico en naranja con un pincel.

4. Pinta 2 aletas negras.

5. Pinta 2 patas de color naranja.

6. Pinta un ojo blanco con el centro negro.

2 pingüinos

del 1 al 3

1. Estampa un cuerpo con una patata grande.

2. Estampa la cabeza con una patata pequeña.

3. Pinta el pico y el ojo.

4. Pinta 3 plumas en la cabeza y otras 3 en la cola.

5. Pinta las patas con un pincel.

6. Pon 3 dedos en cada pata.

3 pájaros

del 1 al 4

1. Estampa un cuerpo. Pon dos ojos arriba con el dedo.

2. Pinta las 4 patas con un pincel.

3. Pinta los dedos en cada pata.

4. Pon una marca blanca en cada ojo con el dedo.

5. Pon puntos negros en los ojos. Haz la boca con un pincel.

6. Pon 4 lunares en la barriga con el dedo.

4 ranas

del 1 al 5

Las flores

1. Haz una marca con el dedo. Será el centro de la flor.

2. Estampa 5 pétalos con una patata pequeña.

3. Pinta el tallo en verde con un pincel.

Las abejas

1. Haz 5 marcas con el dedo. Serán las abejas.

2. Pinta las alas de las abejas con el dedo.

3. Pinta las rayas negras con un pincel.

5 flores

del 1 al 6

1. Haz la cabeza con una patata. Pinta las orejas con el dedo o con un pincel.

2. Haz dos marcas blancas con el dedo para los ojos. Ponles puntos oscuros.

3. Pinta el hocico en negro con un pincel.

4. Pinta la boca y los 6 bigotes.

Los ratones

1. Haz 6 marcas con el dedo para los ratones.

Pinta la oreja con el dedo.

2. Haz la oreja, la cola, la nariz y el ojo.

6 gatos

del 1 al **7**

1. Estampa un cuerpo con una patata grande.

2. Pinta el ojo con el dedo.

3. Pinta la cola y la aleta con un pincel.

4. Pinta la boca en negro con un pincel.

5. Pinta **7** espinas con un pincel.

6. Ponle **7** lunares con el dedo.

7 peces

del 1 al 8

1. Estampa un cuerpo con una patata grande.

2. Pinta 2 palitos. Pon ojos en la punta con el dedo.

3. Haz el centro de los ojos con el dedo.

4. Pinta la boca con un pincel.

5. Ponle 8 patas.

6. Pinta pinzas en las patas de arriba.

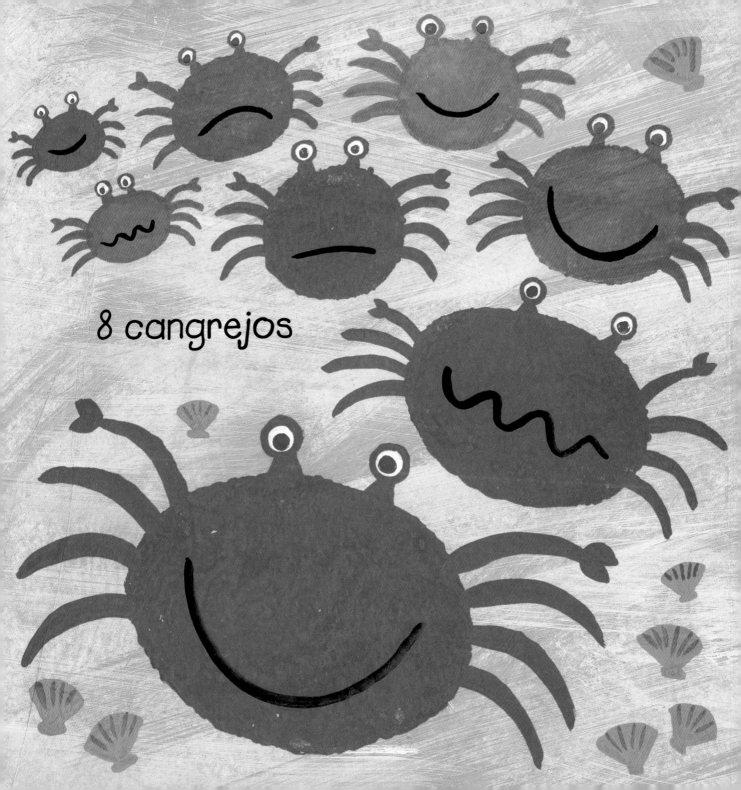

8 cangrejos

del 1 al 9

1. Estampa 3 veces una patata pequeña para hacer el cuerpo.

2. Estampa la cabeza. Pinta la cola en punta con el dedo.

3. Haz 2 marcas con el dedo para los ojos.

4. Pon puntos en los ojos. Pinta la nariz y la boca.

5. Pinta 9 patas. Pon 3 en cada parte del cuerpo.

6. Haz 9 pies con el dedo.

9 orugas

del 1 al 10

1. Haz la cabeza con la punta del dedo.

2. Pinta un cuerpo alargado con el dedo.

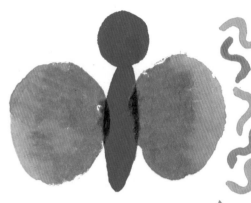

3. Estampa las alas con una patata.

4. Pinta 2 antenas con un pincel.

5. Haz 10 lunares grandes con el dedo (5 en cada ala).

6. Pinta 10 puntitos dentro de los lunares.

10 mariposas

En estas dos páginas hay 20 patos.

¿Podrás contarlos todos de uno en uno?

Ahora cuenta los patos que están nadando. ¿Cuántos son?

¿Cuántos patos tienen el pico amarillo?

¿Cuántos tienen las patas amarillas?

¿Cuántos patos picotean maíz?

¿Cuántos tienen un gusano en el pico?

Para aprender a pintar patos
como éstos, mira la página 32.

En estas dos páginas hay 30 peces.
¿Podrás contarlos todos de uno en uno?
Ahora, cuenta los que tienen la cola de color verde.

Las instrucciones para estampar peces están en la página 32.

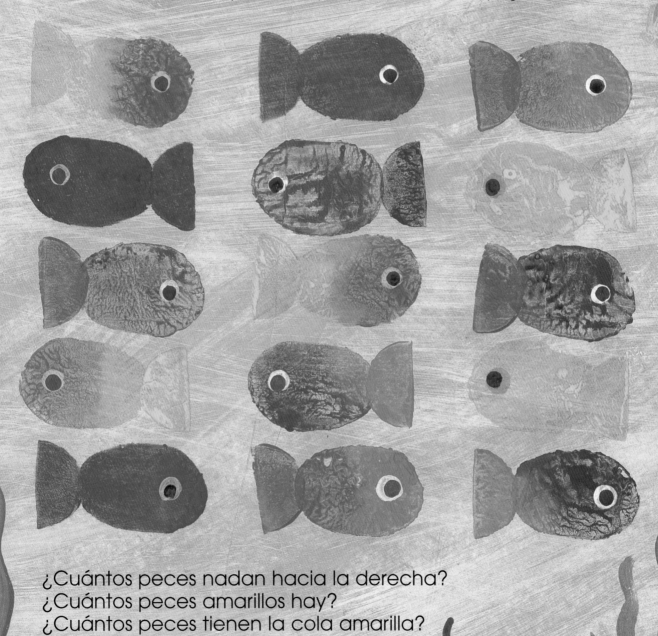

¿Cuántos peces nadan hacia la derecha?
¿Cuántos peces amarillos hay?
¿Cuántos peces tienen la cola amarilla?

En estas dos páginas hay 40 ratones.
¿Podrás contarlos todos de uno en uno?
Ahora, cuenta los ratones que tienen la cola blanca.
¿Cuántos ratones hay de color rosa?

Vuelve a mirar a la página 14 para aprender a pintar estos ratones con el dedo.

¿Cuántos ratones tienen las orejas moradas?
¿Cuántos tienen las orejas de color rosa?
¿Cuántos ratones tienen las orejas blancas?
¿Y cuántos ratones tienen un pedazo de queso?

En estas dos páginas hay 50 arañas.
¿Podrás contarlas todas de una en una?
Ahora, cuenta las arañas negras.
¿Cuántas arañas tienen patas de color rosa?

Aprende a pintar estas arañas en la página 32.

¿Cuántas arañas tienen los ojos verdes?
¿Cuántas tienen las patas negras?
¿Cuántas arañas hay verdes y con patas amarillas?
¿Y cuántas arañas amarillas hay?

Un pato, un pez y una araña

Un pato

1. Estampa el cuerpo con un cuarto de patata.

2. Estampa la cabeza con una patata pequeña.

3. Pinta el pico y las 2 patas.

4. Haz el ojo con el dedo.

Un pez

1. Estampa el cuerpo con una patata.

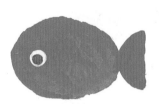

2. Haz la cola con un cuarto de patata. Pinta el ojo.

Una araña

1. Estampa el cuerpo con una patata.

2. Pinta 8 patas y 2 ojos.